ULRICH GABRIEL

Sprach schluchten

Welt nackt richten
Wegweiser zum doppelten Gluck

Die Klangkompanie

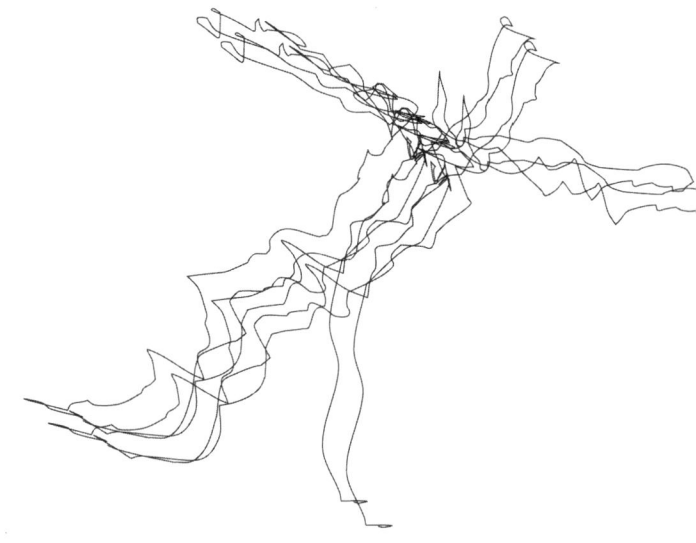

(Wegweiser 1)

2 Tauben als VertreterInnen aller Aschenputtel
(Ruggedigu Blut ist im Schuh)
1 Liveticker als VertreterIn der käuflichen Printmedien
(Todesanzeigen)
1 Liveticker als VertreterIn des Staatsfunkes
3 Maultrommeln, auch Gaultrommeln genannt
1 Pfeife als Vertreterin aller Pfeifen
1 Mailodikrähe als Signation der Weltnacktrichten
1 Kreisel als VertreterIn aller Imkreisgeher, Kreisfahrer,
Kreisredner und Kreisverkehrten
1 Plastikklavier für den Meereschor der Alpla Plastikflaschen
1 Spieldose zur Entängstigung, Entpanifizierung des Volk (Guti, guti)
Faustklavier
RusskimirMedia, der Informationsmonopolist
Influencer
SummChor
PlastikflaschenChor Hard
SchafChor
LämmleinChor
Parl am End Chor 183
Juli, Hundi van der Bellen
The Four Deads
26 Wegweiser zum doppelten Gluck

**Vive la vive
la vive l'amour,
vive la vive
la vive l'amour.
Vive l'amour,
vive l'amour,
vive la compagnie.**

(The four Deads)

(Wegweiser 2)

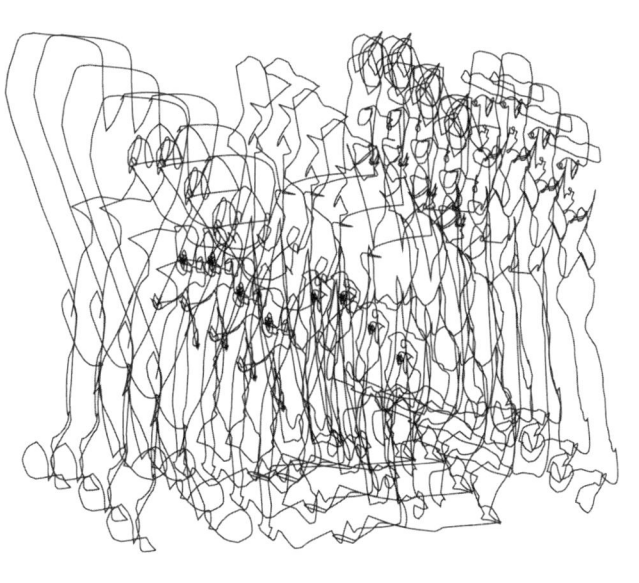

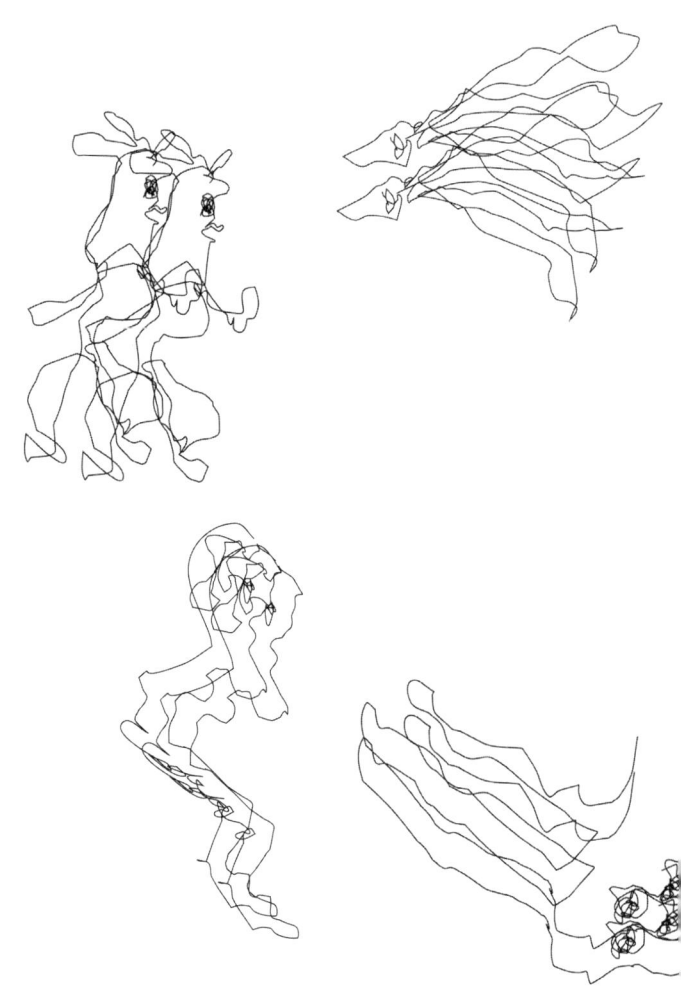

Wird die Kraft der Tugend groß, Wächst auch der Dämonen Wahn; Die Versenkung ruht in Stille, Doch zieht dies auch Geister an.

(Wegweiser 3 Reise in den Westen)

5 Fäuste für ein Halleluja

(Faustklavier)

(Wegweiser 4)

SchweigerInnen (die sich tot stellen), auch Karpfen genannt

KulturschleicherInnen

WiegehtsdirschwätzerInnen und Tiefkühlbeschränkte

ÄrztekammeradInnen

Die mit dem Strom schwimmen

Anweisung

Wirf die Akkorde des Faustklaviers an den Kopf der dich übel umgebenden Zweibeiner. Es sei ihr Halleluja Aus Schluss Amen. Befrei dich vom Müll der in Massen zweibeinig wandernder Halbtoten, darunter viele LehrerInnen mit GattIn, die sich händchenhaltend zur quatschenden Endzeitbetäubung (gemeinsames Frühstück) begeben. Schupf mit einem kleinen Schubser sie in die Hölle, damit sie endlich in der Göttlichen Komödie landen dürfen. Vergiss nicht ihnen den Obulus unter ihre Lästerzungen zu legen.

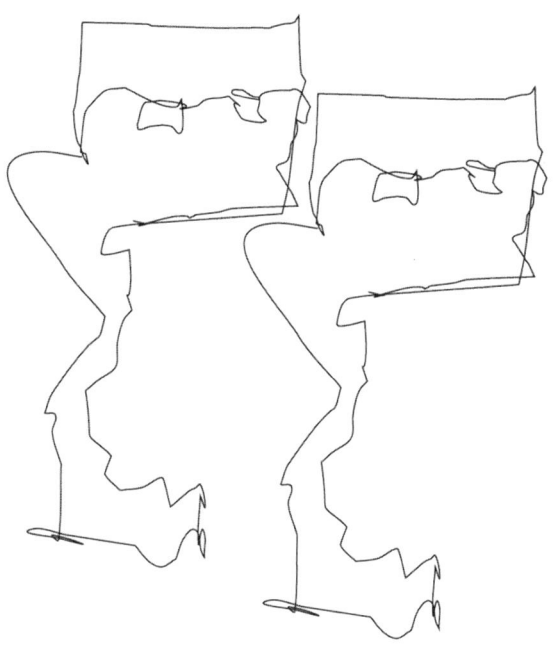

(Wegweiser 5)

Unterbrechung

Es klingelt. Ich öffne das Fensterchen. Johann ruft herauf:
„Bei dir brennt das Licht!" Ist das nicht
ein gutes Zeichen? Es war der Blinker.

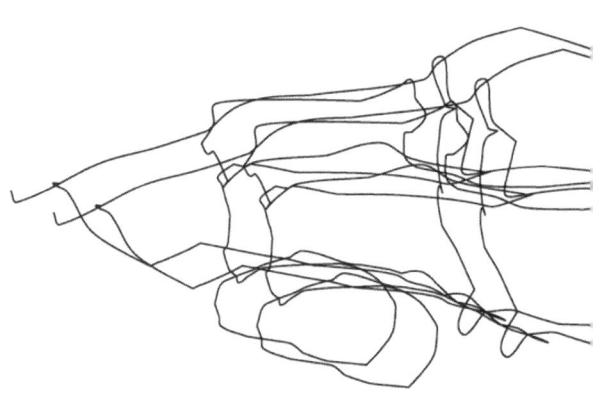

(Wegweiser 6)

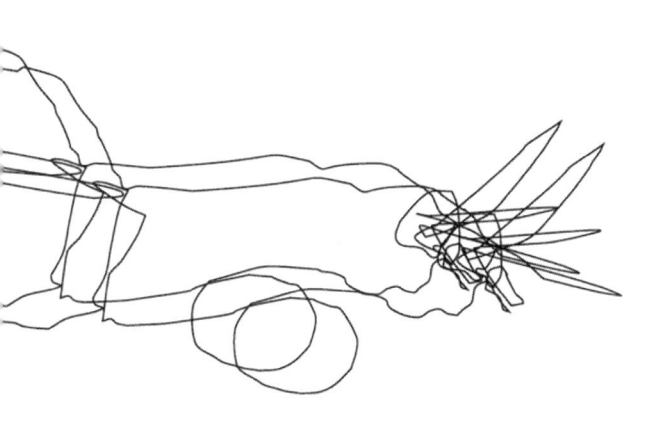

Anleitung zum Widerkommen

„Majestät, ein Unheil, ein Unheil! Draußen wütet ein stoppelgesichtiger Donnergeist und kommt geradwegs auf uns zu!" rufen zehn Höllenkönige an Bethlehems Stammtisch.

„Wirf sie sie in Cäsars Wohnung!"

Allmählich wird der Weg frei. Nimm ihn an, er führt dich zum zweibeinigen Gluck.

Schleudere die aus dem Kopf fallenden Buchstaben nach Schwarzenberg in den Angelika Verkaufmannsaal, wo das Röcheln der verwesenden Kultur sie harmonisch einstinkt.

Milka sagt: „Container!" und stellt den grünen Sack vor die Tür. Dann lächelt sie. Dann geht sie. „Du Tür zumaken!", sagt sie auch noch.

Hätten diese eifrigen Unterhöhler die Tiefgarage nicht gebaut, müsste ich heute Freitag, 22.10. 2022 keinen Parkplatz suchen. Alles voll unterirdisch, in der autochthonen Eingeborenenwelt. Stromtanker, MarktquatscherInnen.

(Doppelwegweiser 7 und 8)

Weit ist der Weg der Weg ist so weit

Tausend Meilen von zuhaus hat Lothar Elias gedichtet. Freddy Quinn hats gesungen. Ping ping ping ping ping. Telefon. Lux ist dran. Ist grad heimgekehrt in die Schlagergasse. Passt gut. „Sofort speichern" beim telefonieren, fällt mir ein. Speichern speichern. Speichern wie speicheln. Speicheln wie die teure Regierungswerbung für Volksvertrottelung im Staats-TV: Sicher sicher sicher sicher sicher sicher wird der der Volk eingespeichelt.

Unwirklichkeit klettert beide Beine herauf.
Soll ich auf ein Guiness gehen?
Geht's vielleicht dort weiter?
Guinessgrund: Immerhin hat der Volk heute
ein paar Aller Seelen Bücher bestellt.

Was sagt der Affenkönig dazu? „Ich bin der Himmelgeborene Heilige Sun Wukong aus der Wasservorhang-Grotte im Blumen-Früchte-Berg. Und was für Ränge bekleidet ihr denn? Los, stellt euch vor, sonst gibt's Prügel!" Das dicke gelbe Buch ist unerschöpflich. Reise in den Westen.

Da fällt mir ein, dass der Abfluss in der Küche stockt, noch leicht, aber … nicht verdrängen, das Wasser muss fließen können in den Rohren, die wegführen.

Ich aber reise in den Westen und blättere um auf S 493: „… wollten sie mich plötzlich töten. Allein dank dem Bitten und Flehen meiner Mutter bin ich nicht unter ihren Säbeln ums Leben gekommen. Dafür haben sie mich in diesen Baum gehängt, wo ich verhungern und erfrieren sollte."

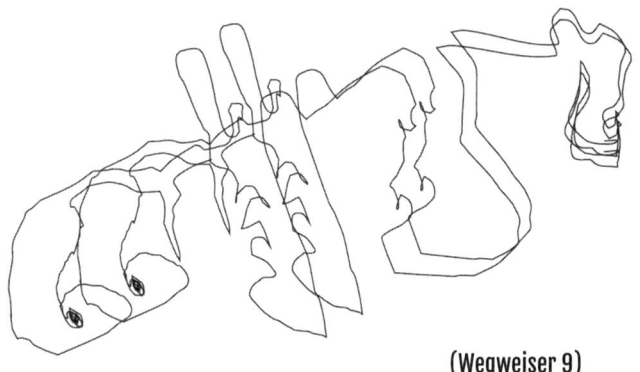

(Wegweiser 9)

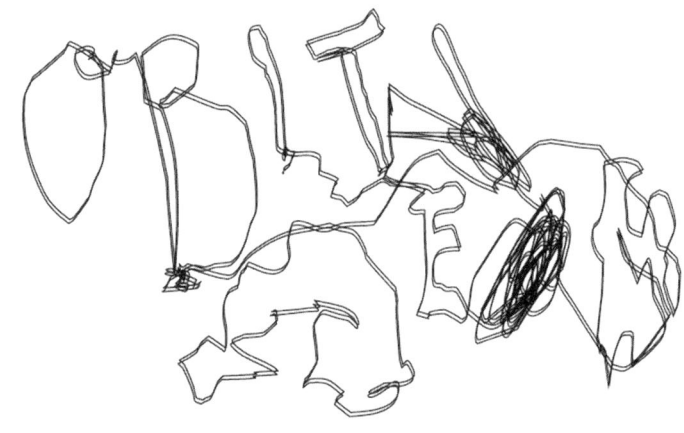

Influencer

asgfi209tokklkPOCOFOFOKkfkfkfjkvnlkvn (die Kaffeebohnen krachen): „Werden Sie radioaktiv. Summen Sie mit uns in das Tröpfelbad der Unendlichkeit oder zu Frau Neisse aus Meissen auf dem Schleissenscheit".

sakdfjaakdsjvasdv avajv a avajv a (Die Bohnen knirschen): Welt nackt richt: Auf ins Weltall zum 330 Millionen Dollar teuren NASA-DART-SPIEL Meteoritenabschuss. Die NASA zahlts, heisst es. Stimmt natürlich nicht, wir zahlen es. Wie immer ungefragt. Die Hälfte zahlt Deutschland, heißt es. Habens die Deutschen so dick? Was dem Volk bleibt sind Nasatröpfle.

„Ruggediguu ruggediguu Blut ist im Schuh" melden die Tauben aus der Ukraine. Ich friere. Ich verliere. Ich schmier mir eine gesunde Watsche: I – Gesicht. Gesell mich zu Elfriedes Kinder der Toten.

(Wegweiser 10)

The deep state

Dunkel. Kein Laut nirgends. Nacht. Im Bett liegend. Im Dunkel. Solo 5 Minuten, dazu was Gutes kochen in der Geräuschküche. Natürlich. Blut- und Ableberwürschte. Beim Abklettern in die Sprachschlucht werden drei Elemente beobachtet. Oder sind es vier? Rasch zeichne ich sie auf. Jedes auf einen Atemzug, dazwischen natürliches Atemholen. Liveticker? Taube? Dunkle Gestalten, im Dunkel kaum wahrnehmbar. Das war um ein Uhr nackts im Jajar 1922, wohl im Loktauber.

Der tiefe Staat – ein Schläfer?

(Wegweiser 11)

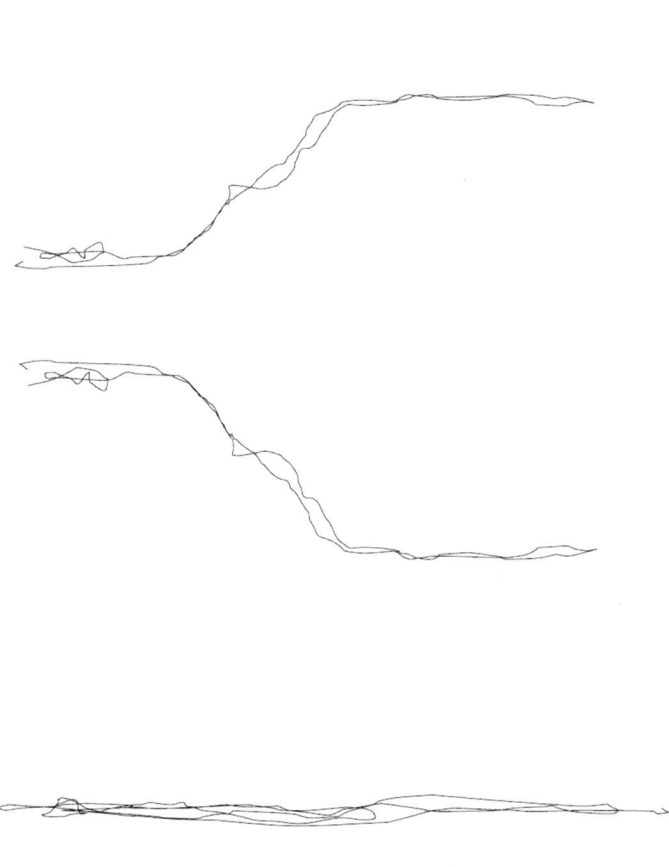

(alles um eine Oktave tiefer singen)

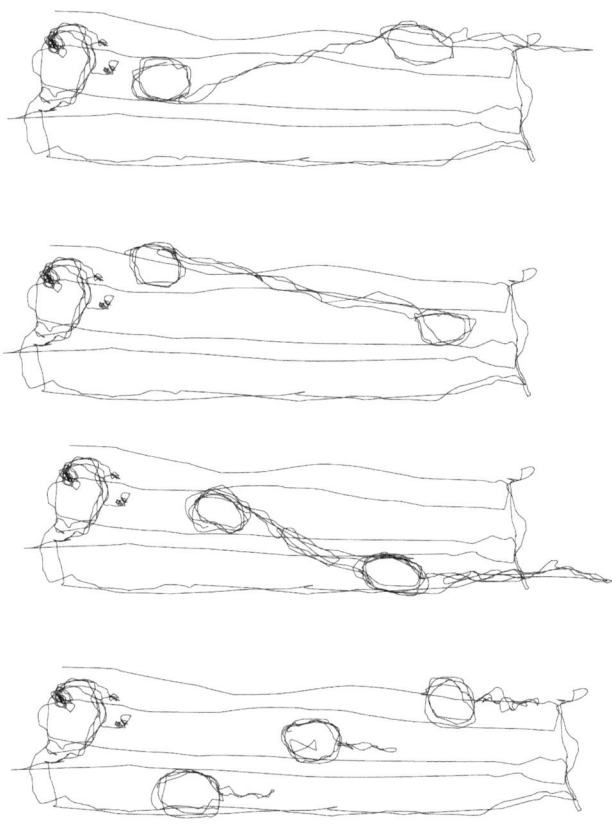

Gellendes Hohngelächter

Die Flut fällt mit ihnen nach der Tiefe hinab. Aus dem untersten Grunde hört man Albalberichs gellendes Hohngelächter. In dichtester Finsternis verschwinden die Riffe, die ganze Bühne ist von der Höhe bis zur Tiefe von schwarzem Gewoge erfüllt, das eine Zeitlang immer nach abwärts zu sinken scheint. Allmählich sind die Wogen in Gewölk übergegangen, welches, als eine immer heller dämmernde Beleuchtung dahintertritt, zu feinerem Nebel sich abklärt. Als der Nebel, in zarten Wölkchen, sich gänzlich in der Höhe verliert, wird, im Tagesgrauen, eine freie Gegend auf Bergeshöhen sichtbar. – Wowotatan, und neben ihm Frifricka, beide schlafend, liegen zur Seite auf blumigem Grunde. Zweite Szene. Freie Gegend auf Bergeshöhen. Rheingold Vorspiel.

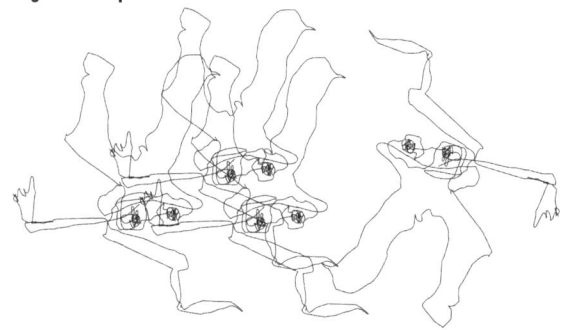

Österleich

Krüz Krott Kompott
Krüz Grott in Österleich
Grütz Grott in Vorallemberg
(militärisches Kommando):   Haut
(militärisches Kommando):   Haut unter!
                                          Laut laut.
                                          Lut lut!
Laut red Laut, red Lut, red lut,
Lut schreit d'Hut Lut undror Hut,
Schrei lut undror Hut. Laut.
(furzen)

Lut Lut lut
Lauter Laut.
Luttor Lut.
*(Der Publikum reagiert erst mit zaghaft, dann immer
mutiger werdenden Lauten, alle denkbaren Varianten)*

Hm hä höö mhm ä q sch
ujvcs sdoirnvsdv j ofj ovv
*(furzen, pludern, kotzen, rotzen, stöhnen, hoch, tief,
frei chaotische Gestaltung, Dauer 2 Minuten)*

(Kinderstimme, sterbender Greis):
Mumibi mam
Mama Mumibi
(flüsternd) Bi mumibi mumifiz

Mumibi mam
Mama Mumibi
mamifiziert, mummifiziert
in Österleich
Mumibi mam fiz Mama Mumibi iert fiz
Bi mumibiiert
mumifizibierti mami

(englisch:) made in Österleich
(deutsch:) Made in Österleich

Mumibi mam
Mama Mumibi

(militärisches Kommando): Haut
(militärisches Kommando): Haut unter!
                             Laut laut.
Laut red Laut, red Lut, red lut,
Lut schreit d'Hut Lut undror Hut,
Schrei lut undror Hut. Laut.
(furzen)

(militärisches Kommando): Haut unter! Gebt Laut!
                             Laut laut.
                             Lut lut!
Haut unter
Hut untor
Lut
(SprecherInnen, Chor, Publikum agieren frei chaotisch aufeinander mit Laute, ausschließlich Laute, oder Wortsilben, Dauer 3 Minuten)

kwatschlquatschk
lut undror Hut
Lut Lut
Hm hä höö mhm ä q sch

(SolistIn singt im Rezitationston): Lasset uns verwesen!
Lasset uns verwesen!
Lasset uns verwesen!
|: made in - Made in Österleich
(grausige Lautgebung) Pfriemenschwanz Springwurm tanz:|

(Kommando Zweibeiner 1) Alles Walzer!
(Kommando Zweibeiner 2) Alles ordinär!

(Beide streiten immer lauter und extremer,
bis sie nur mehr schreien)

Sprecher und Sprecherin aus dem TV *(ORF SteinzeitimBild2)*
schlchlflirbl schloggldo
kwatschlquatschk lut undror Hut *(plodern)*
made in Made in Österleich
Schkotz kotz plotz rotz
(SolistIn singt im Rezitationston:) Lasset uns verwesen!

(es singen alle)
Übera-all allü ü berall
Wurmbefall Überall gleich

(SolistIn singt Zitat Kirchenlied aus Schubertmesse):
Übera-all allü ü berall

|: made in – Made in Österleich
(extrem grausige Lautgebung)
Pfriemenschwanz Springwurm tanz
made in – Made in Österleich
Pfriemenschwanz – Springwurm tanz:|
*(Dazu erklingt Faustklavier am akustischen Flügel
mit beiden Fäusten improvisiert, Steigerung)*

Mach Lut undror Hut
Lut ... mee!
Gib Laut gib Lut
Pfriemenschwanz Springwurm tanz
schlchlflirbl schloggldo
kwatschlquatschk lut undror Hut *(plodern)*

made in MADE
MADE in Österleich
Schkotz kotz plotz rotz

*(extremer Laut und Klangzirkus Dauer 4 Minuten,
dann abrupter Wechsel in Summchor Schafe)*

Österleileichische Bun

shymen (neu)

(Wegweiser 12)

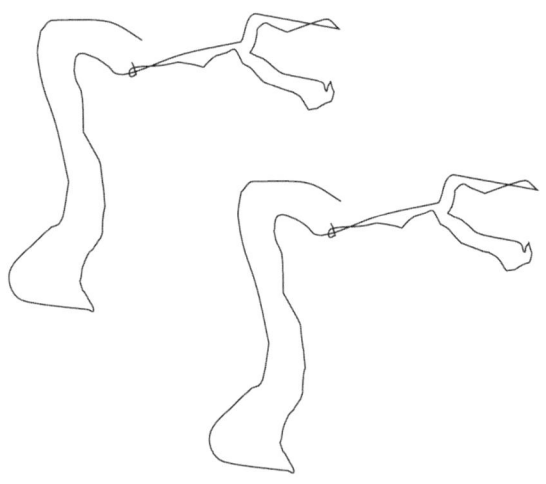

Wecken und wetzen

Chinesisches Schüsselchen –
Chinesisches Schlüsselchen
→PAUSE ...
Chinesisches Schüsselchen Chinesisches Schlüsselchen
der Volk wiederholt

Brautkleid bleibt Brautkleid und
Blaukraut bleibt Blaukraut
→PAUSE ...
Brautkleid bleibt ...
der Volk wiederholt

Fischers Fritz fischt frische Fische
→PAUSE ...
Fischers Fritz ...
der Volk wiederholt

(Wegweiser 13)

NABG 183

Na na na
zi zi zi zion zion allrad allratzs
abg abge abge
o o o Ord
nette ord nette
Sprechchor Österleich:
Parl am End
Parl am End
Sakr Sakr
Hargots Parl am end
Parl am End

Sprechchor 183 – Bezahlter Untergang:
GaleerentrommlerIn schlägt Takt auf Hohlköpfe.
Nabg rudern in den Untergang. Kein Schiff
nirgends. No sea watch. Plastikmeer. Jeder Nabg
(Plastikflasche) erhält monatlich 9337 Euro
brutto plus aller erdenklichen Spesen dafür.
Vierzehnmal im Jahr. Wohlverdienter Hurlaub.

|:
Nabge 1
Nabg, Nabg, 2
Nabg, Nabg, Nabg, 3
Nabg, Nabg, Nabg, Nabg, 4
Nabg, Nabg Nabg, Nabg, Nabg 5
Nabg, Nabg, Nabg, Nabg, Nabg, Nabg 6
Nabg, Nabg, Nabg, Nabg, Nabg, Nabg, Nabg 7
Nabg, Nabg, Nabg, Nabg, Nabg, Nabg, Nabg, Nabg 8
Nabg, Nabg, Nabg, Nabg, Nabg, Nabg, Nabg, Nabg, Nabg 9
Nabg, Nabg, Nabg, Nabg, Nabg, Nabg, Nabg, Nabg 8
Nabg, Nabg, Nabg, Nabg, Nabg, Nabg, Nabg 7
Nabg, Nabg, Nabg, Nabg, Nabg, Nabg 6
Nabg, Nabg, Nabg, Nabg, Nabg 5
Nabg, Nabg, Nabg, Nabg, 4
Nabg, Nabg, Nabg, 3
Nabg, Nabg 2
Nabg 1
:|

*Zweimal 90 Nabge rudern im Takt den Untergang
der Gallehre Österleich im Plastikmeer. Sprachverlust
setzt ein. Jede/r kann nur noch Nabg sagen. Ergibt 180 Nabge.
Drei haben Corona und bleiben zuhause im Eigenheim
oder im Wochendhaus. Verbum: nabgen*

Ich nabge
Du nabgst
Er sie es nabgt

Wir nabgen
Ihr nabgt
Si nabgen

**Die Nabge nabgen durch den Wald
Wo? in Österleich
Kalt kalt kalt
Nabg, Nabg, Nabg
Wo? in Österleich**

183 Nabge ist gleich
183 Demok ratten
nabgen
Ratten Rotzn Rotznjogd
Demok ratz iiiiiiii
Impformatikerfanal
ffff anal
Wo? in Österleich

Krüz Krott in Österleich
Warm oder kalt?
Parl am End
Maskiert, gschmiert, frisiert, rasiert, mumifiziert,
Demok ratz iiiiiiii (spitze Rattenschreie 30 Sekunden)

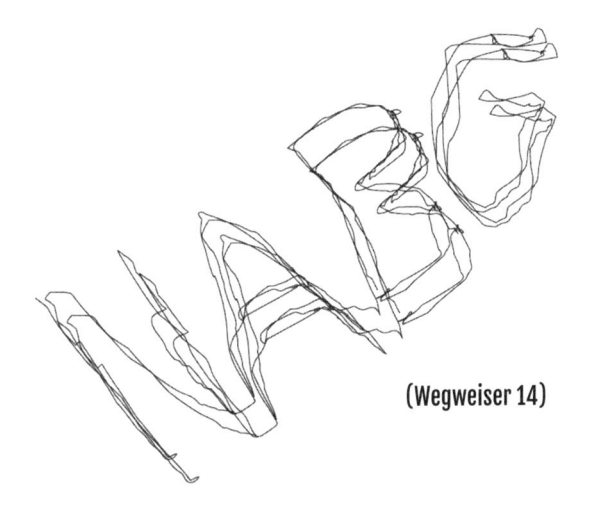

(Wegweiser 14)

[Nr. 43] SPRACHSCHLUCHTEN | 40

Auf der Reise in den Westen

Das Denkpferd hegt still in sich
Sein Begehren und Verlangen;
Stumm bleibt auch das Gelbe Weib,
Brütet still in trübem Bangen.
Im Sieg wähnt sich der böse Gast,
Doch er freut sich allzu früh;
Denn am Ende kommt das Übel
Noch auf rechte Art zur Ruh.
Aus Angst, der Grosse Heilige könnte ihn verletzen, ließ der
Pandämon seinen Ungeist aus
dem Körper fahren und schoss in den neunten Himmel hinauf.

(Wegweiser 15)

Beschreibung der Made Österleich

Die Weibchen MADE in Österleich haben einen spitz zulaufenden Schwanz nznfanz ranzkrrr und eine blablasenartige Auftreibung der Cuticula am Vorderende. Nabgeputzt. Cuticuliii cuticula.

Die Männchen MADE in Österleich sind am Ende nabgenutzt
frutzktrtzkrrwurtzlutz
sind am Ende nabgestutzt
sind am Ende sind am Ende sind amen dedededede
und tragen ihren Schwanz eingerollt.
Rollschwanznabg.

Es kommen bis zu drei Larvenstadien vor. Labg, Nabg, Gmabg,
Plotikeri- made in - MADE in Österleich: Alles
waschaschaschechchchchte Demokratzen
Die Madenwurmeier erscheinen unter dem Mikroskop
typisch länglich-oval und auffällig
asymmetrisch in den Parteifarben.
Wä Wä Wä krchtegeifhcodvpeckc
Die Partei ist der Apparat. apapapapapaprattenpapa
(Einspielung Maschinenlärm)

knarzschwarz, türkischis, totrot vertrocken,
haumiblau, grünspan, pinklig
Demokratzen brauchen eine Farbe um sich anzustreichen
alle Nabge sind Anstreicher
Information Made in Österleich wir verkauft und gekauft
erst kaufen, dann schreiben:

> Ich kaufe eine Todesanzeige
> Ich nehme eine ganze Seite nehmen, mehrfach
> Das Mini Sterium will gern eine Kampagne
> Wieviel Inseratten sind nötig?
> Kann auchs eine Kampein sein ... ha ha ha
> Selbstverständlich Herr Nabg Frau Nabg
> unterstützen wir irre Kampackne lei lei.

(Wegweiser 16 Richtung Sprachschluchter Berg)

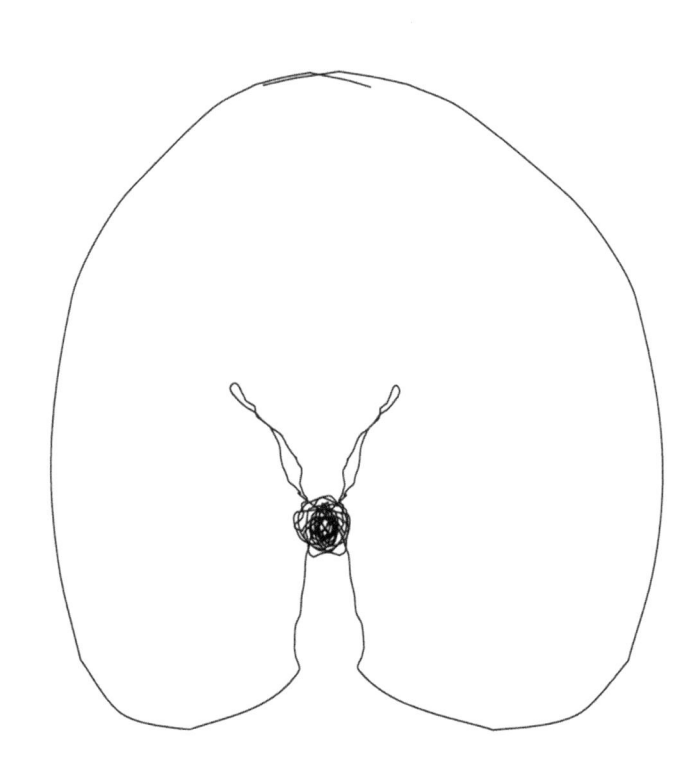

[Nr. 43] SPRACHSCHLUCHTEN **| 44**

Das Arßloch der Österleich

(nach Francois Rabelais)

Et meurent les homes en pedent,
les femmes en vesnent.
Ainsi leur sort l'ame par le cul.
Und es sterben die Männer farzend,
die Weiber fistend.
Also entfähret ihre Seel durchs Arßloch.

(Wegweiser 17)

(Erst eins dann zwei dann drei dann vier:)
Faust Klavier

Ich gebe der Österleich nicht mehr die Hand.
So bin ich nicht.
Ich spiel für Österleich
FAUSTKLAVIER
Das klingt endlich wirklich zeitgenössisch.
So bellt Juli van der Bellen

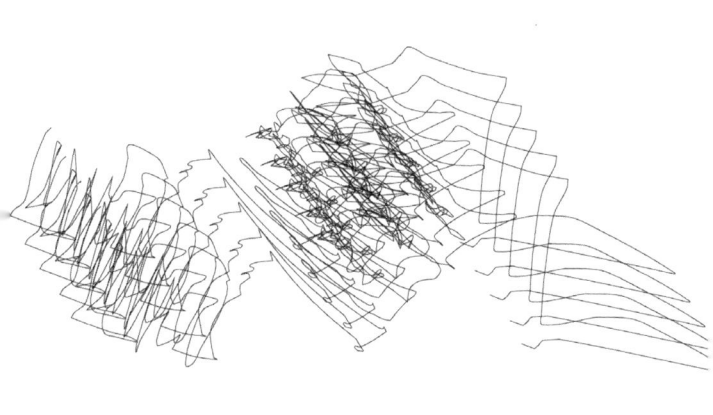

DREI BEKANNTE STÜCKE FÜR FAUSTKLAVIER:
Mit der Faust oder mit Ellenbogen oder Spitzler auf
Bösendorfer Flügel spielen, dazu mit Maske pft pft
und eingelegten Boxerzahnschutz singen

1 Donauwalzer -   für Maske, Zahnschutz,
                         Ellenbogen, Faust und Spitzler
2 Das kleine Ich bin Ich - für Maske, Zahnschutz,
                         Ellenbogen, Faust und Spitzler
3 O du mein Österleich - für Maske, Zahnschutz,
                         Ellenbogen, Faust und Spitzler

(Wegweiser 18)

Juli, die Bundesbellin

Nackt richten aus Österleich:
der Bundesbläsident hat einen Hund
und?
Die Hundi van der Bellen Wuwu hört auf Juli. Wu.
Sie ist seit der letzten Verwählung Influencer
beim Bundesbellen. Wu.
Hundi van der Bellen.
Bellenhundi. Hundi bellen. Bundesbellen Juli. Brav. Sitz.
Bald geht's auf Dienstreise. Juli geht mit.
Kommt Doris auch mit?
Juli und Hundi werden mitfliegen. Wohin eigentlich?
Egal. Juli braucht Wasser im Flieger, gel.
Vorher gehen alle drei noch mit der Krone tierecken
und wandern ins Krampftal,
Heimat der Bellen. Wu wu wu
ier Julis drei Botschaften:

Hundi knurrt, das heißt:	Auf die Zähne beißen!
Hundi jault freudig, das heißt:	Österleich hat eine schöne Verfassung!
Hundi wedelt, das heißt:	So sind wir nicht!
Hundi winselt, das heißt:	Das darf doch alles nicht wahr sein.

Der Volk findet das Wu!
Hundi macht Gacki auf die schöne Verfassung.
Bellenhundi Pfui, das darf doch alles nicht wahr sein, sagt van der Wu.
Der Bundesbellendent holt van der Hundisacki aus
Anzugtasche und füllt rasch Gacki ein.
Security schauen weg.
Hundi wedelt, das heißt: So sind wir nicht!

Julis Rede:
ich danke allen österleichischen Zweibeinern dafür,
dass sie ihre Stimme meinem Bellen für
weitere 6 Jahre abgegeben haben. Wu wu wu.
Der Volk hat gebellt.
Ich werde jetzt 6 jahre für Bellen bellen.
Sicher ist sicher sicher sicher sicher sicher van der sicher
heißt Bellen. Wu
Ich belle für sichere Entsorgung jedes Gacki im van der Sacki. WU.
Wer mich wählt, wird weiter leben auch wenn ich nicht belle, denn
wir werden werde eine dritte Amtsperiode beantragen. Wu wu wu.
Adam ist neunhundertdreissig Jahr alt geworden. Wu
Das wars. Wu. Pföti. Jetzt geh wir wandern ins Krampftal mit der Doris.
Dann wieder Pfoti geben in Bläsidendenbrezlidenz.
Rauchpause.
Wu

(Wegweiser 19)

Alte Österleichische Bundeshymen in ES Dur mit Auflösungszeichen

(Weitwegweiser 20)

Schluchtwort 21

Wir müssten gerade jetzt etwas unternehmen. Etwas.
Wenigstens das. Man sollte vor allem, was sag ich,
wir müssten alle miteinander uns erst einmal darüber
im Klaren werden, ob wir wirklich müssen, bevor man den
Dings da hereinholt und womöglich noch einen Haufen
Geld dafür zahlt! Nein, nicht so! Wir müssen von ganz
vorne beginnen und es wäre gerade jetzt wichtig,
dass ein jeder und eine jede von uns mit gutem
Bleistift vorangeht.

Schluchtwort 22

Warum versuchen wir es denn nicht einmal auf eine ganz
andere Art und Weise? Man darf sich das einfach nicht mehr
gefallen lassen, es muss doch irgendwie einen Weg gebsen,
wenn man mit Verschlossenheit hintan steht und die ganze
Möchtelei nicht ständig verwässert.
Bingo.

Schluchtwort 23

Wir sollten zu allerst den Mögl holen, um endlich einmal etwas Neues zu bewirken. Wenn wir uns akkurat den Müsstl vorknöpfen, und zwar ordentlich, dann käme auch der Söttl dran und könnte sich nicht dauernd in Könntilien herumtreiben. Bingo Bongo. Ich warne euch alle eindringlich: solange wir nicht in der Läge sind, den Müsstl zu versötteln und den Söttl zu vermüsteln, werden wir ewig dahinnichteln und wenneln und aberln bis man die nötigen Gründe endgültig beseitigt hattelt. Tuttel. Jawohl! Von Grund auf. Bongo Bingo Bango.

Schluchtwort 24

Auf nach Grund! Es fehlt nicht eines stichhaltigen Grunds nicht, warum wir nicht schon längst den Sachverein gegründet haben, um dem Hund auf den Puls zu füdeln und zu schauen, was eigentlich drinn ist im Sack, in dem vermaledeiten. Außen huidi und innen pfuidi! So sind wir nämlich nicht. Wir sind viel mehr. Nicht wahr.

Schluchtwort 25

Dorli, ich sage Dir: das brauchst auch du dir nicht gefallen lassen, nicht doch, da würde unsereins sich dochtens längst mitnichten gefoppt füllen. Aber? Was aber! Ja aber, was heißt denn das? Ja meint den die gesamte Verwählerschaft mit derartigen Meineln könnte sie ohne Hilfe noch irgend etwasseln? Lasset uns richtig gemein sam nach Grundensach fahren, um uns an Ort und Stelle zu überwiegeln und zeugen, was erst einmal bewaldet und -wiesen sein muss. Bongo Bingo Bango Bungo Bengo.

Schluchtwort 26

Warum, frage ich euch alle, warum haben wir nicht schon längst den Bango geholt? Der Bingo ist weg, während der Bango immer noch wartet, der braucht nichts und kostet nichts, der Bingo bingotelte seit ca. 40 Jahren sinnlos den Bach hinunter, auch in der Bongenach. Ihr werdet doch nicht den Dings nehmen? Das wäre ein schwerer Fehleerer. Ja, da hat Doril ganz recht! Dass man den Dings von vornherein versötteln sollte, wenn er nicht und nicht begreift, dass jedermandl irgendwie was anderes tun müsste, als nur immer ewig drum herum. So nicht! Ja, Nein. Wu.

(Wegweiser 21 - 26 Richtung Sprachschluchtental)

Kommt irgendwo ein Lichtlein her

Whenever life gets you down, Mr & Mrs Bellen and things seem hard or tough, and people are stupid, obnoxious or daft and you feel that you have quite enough …

The Universe itself keeps on expanding and expanding
In all of the directions it can whizz
As fast as it can go, at the speed of light you know,
12 million miles a minute, and that's the fastest speed there is.
So remember when you're feeling very small and insecure
How amazingly unlikely is your birth
And pray that there's intelligent life somewhere up in space
Because there's bugger all down here on earth.

Monty Python: Britische Komikergruppe,
Der Sinn des Lebens, Teil VII Der Tod, S. 105 – 116,
Galaxy Song, Appendix. Musik: Eric Idle/John Du Prez.
Text: Eric Idle.. © 1993 Haffmanns Verlag AG, Zürich.

Doris   Alex   Juli

ZANZENBERG 2020
Pandämonenparty

50 Sonntagsgeschichten 2020
über 500 Mauszeichnungen

Ulrich Gabriel hat das Jahr 2020 unter dem Titel „Neues vom Zanzenberg" für die Sonntagszeitung Wann & Wo und für Vorarlberg Online wöchentlich mit einer Kolumne begleitet. Dann wurde er von Russ kimir media entlassen. 50 dieser freien Kommentare bilden die Grundlage des vorliegenden Sammelbandes. Schrift ist nicht alles. Über 500 mit satirischem Schwung hingeworfene Mauszeichnungen illustrieren die furibunde Zanzenbergchronik. Ergebnis ist eine 250 Seiten starke schwarzweiße „Pandämonenparty".

Gastgeber: Der Schreiber des Barons anlässlich 20 Jahre Zanzenberg.

ISBN 978-3-902989-55-0

ULRICH GABRIEL

ZANZENBERG 2020
PANDÄMONENPARTY

unartproduktion

LIMITIERTE AUFLAGE

Aller Seelen Lesebuch

Ulrich Gabriel erarbeitete in Zusammenarbeit mit Norbert Huber und Franz Gassner ein Vorarlberger Lesebuch zum Thema Seele. 121 Geschichten zum Nachdenken über Sterben, Tod, Unsterblichkeitsideen, Arme Seelen, Seelenlöcher, Friedhöfe, Allerseelenbrauchtum, den" Schnitter" und mehr.

Dazu 4 Ahnenseiten und 11 feingliedrige Kunstwerke von Franz Gassner. Vielfältige Seelenmeditiation mit 88 heimischen und internationalen AutorInnen wie Ingeborg Bachmann, Renate Welsh, Stanislaw Lem, Konfuzius, Poe, Laurentius von Schnifis, Weinheber, Monty Python, Camus, Jandl, Kurt Bracharz, Gottfried Bechtold, Franz Kalb, Stephan Alfare, Maria Simma, Armin Diem, Beno Vetter, Walter Johler, Franz Ellensohn, Werner Vogt, Rilke, Andergassen u.v.a.

ISBN 978-3-902989-61-1

Aller Seelen
LESEBUCH

Ausgewählt und zusammengestellt
von Ulrich Gabriel

unartproduktion

Böses Vorarlberg Lesebuch

Das „Böses Vorarlberg-Lesebuch" präsentiert Geschichten von „Mörder[n], Schurken und Banditen 1419-1953". In diesen gesammelten Geschichten begegnen uns diejenigen, die von der Gesellschaft verfolgt, sanktioniert, bestraft, ausgestoßen und – im Extremfall – hingerichtet wurden, weil sie in deren Augen die Ordnung gestört oder gefährdet haben. In ihren Geschichten werden „die Schattenseiten und Konfliktlinien" der jeweiligen Gesellschaft sichtbar. „Kriminalität und abweichendes Verhalten sind" auch im Falle Vorarlbergs, wie die moderne Forschung betont, „ein wichtiges Abbild gesellschaftlicher Zustände". Daraus, wie eine Gesellschaft Verbrechen definiert und wie sie deviantes Verhalten sanktioniert, lassen sich wertvolle Rückschlüsse auf ihre jeweiligen Ordnungsvorstellungen gewinnen. Könnte man eine historische Kriminalstatistik Vorarlbergs erstellen, ergäbe sich gewissermaßen eine „Fieberkurve" der „soziale[n] Krankheitszustände" dieses Landes.
(Aus dem Vorwort von Wolfgang Scheffknecht)

ISBN 978-3-902989-64-2

Böses Vorarlberg
LESEBUCH

MÖRDER, SCHURKEN UND BANDITEN 1419–1953
Nicole und Wolfgang Scheffknecht

unartproduktion

Bereits erschienene Schundhefte

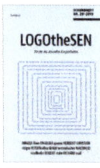

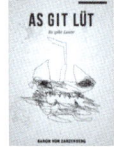

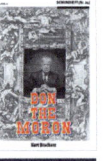

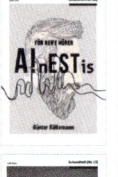

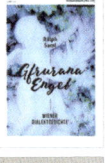

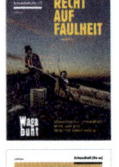

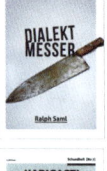

43	**SPRACHSCHLUCHTEN I** Ulrich Gabriel 2022
42	**DIE UNGLAUBLICHE GESCHICHTE … I** EDI 2000 Teil 1 2022
41	**BRUCHLINIEN I** Jutta Rinner-Blum 2022
40	**GOLD I** Heidi Wimmer 2022
39	**TABU I** Lucia Mennel 2021
38	**CAGING I** Texte zu John Cage 2021
37	**MUTTERMILCH I** Günter Köllemann 2021
36	**MITTEN DURCHS HERZ I** Gottfried Bechtold, Sylvia Taraba 2021
35	**ANGESTICKT I** Marianne Bischof, Ulrich Gabriel 2021
34	**1945 – vor nur 75 Jahren I** Ulrich Gabriel 2020
33	**Ich wollte die Sterne… I** Claudio Bechter, Harald Gfader 2020
32	**Frisch gewienert I** Helmut Thomas Wiener 2020
31	**Autoportrait I** Gerhard Klocker 2020
30	**Worthülsenfrüchte I** Peter Fitz 2020
29	**Radio Bemba I** Lucia Mennel 2019
28	**LOGOtheSEN I** Texte zu Anestis Logothetis 2019
27	**FALK I** Cäcilia Falk 2019
26	**As GIT LÜT I** Ulrich Gabriel 2019
25	**o patéras mou I** Julia Logothetis 2019
24	**Don the Moron I** Kurt Bracharz 2018
23	**Ein neuer Antrag … I** Harald Gfader 2018
22	**Schundlyrik I** Gerhard Ruiss 2018
21	**Roter Nagellack I** Lucia Mennel 2018
20	**A!nESTis – Für reife Hörer I** Günter Köllemann 2018
19	**Gfurana Engel I** Ralph Saml 2017
18	**30 Sekunden Mundart I** Ein Fest für Adolf Vallaster 2017
17	**Recht auf Faulheit I** Programmheft Theater 2017
16	**Das Kapital der 7 Schrägen Vögel I** Georg Schelling 2017
15	**Wo er recht hat, hat er recht I** Margit Heumann 2017
14	**Dialektmesser I** Ralph Saml 2017
13	**Suppen I** Christian Futscher 2016
12	**Dadadagebuch I** Kurt Bracharz 2016
11	**Lele I** Petra Nachbaur 2016
10	**Reisen mit den Zeugen Hofers I** Joe Gmeiner 2016
09	**Steakholders Hochzeit I** Ulrich Gabriel 2016
08	**Beugt Euch I** Kurt Bracharz 2015
07	**Harigasti – Sprachgeschichte I** Ulrich Gabriel 2015
06	**Schönen Sommerurlaut I** Ulrich Gabriel 2015
05	**Frühlingsrausch I** Ulrich Gabriel 2015
04	**Ich Christbaum I** Ulrich Gabriel 2014
03	**Messie I** Ulrich Gabriel 2014
02	**Der kosmische Staubsauger I** Ulrich Gabriel 2014
01	**Das Sterben der Gigantin I** Ulrich Gabriel 2014

IMPRESSUM

VERLAG
unartproduktion
Hatlerstraße 53, 6850 Dornbirn
SCHUNDHEFT 43
1. Auflage November 2022
ISBN 978-3-902989-65-9
©unartproduktion
VERTRIEB
unartproduktion (A), Runge (D)

TEXTE UND ZEICHNUNGEN
Ulrich Gabriel
LAYOUT
Sylvia Dhargyal

BESTELLUNG
office@unartproduktion.at
Einzelheft: Euro 5

JAHRESABO
5 Hefte um Euro 20
portofrei ins Haus

ABO- UND SPENDENKONTO
IBAN: AT37 5800 0141 5411 9117
lautend auf unartproduktion

www.unartproduktion.at
www.schundheft.at
www.gaul.at
#zanzenberg © 11/2022